はじめてのチョコフラワー

Chocolate Flowers

黒尾真弓

Contents

Chapter 1
はじめてのチョコフラワー

nut

木の実
p.18

mimosa

ミモザ
p.20

fragrant olive

きんもくせい
p.22

cotton

綿花
p.24

Chapter 2
基本のチョコフラワー

lavender

ラベンダー
p.26

lily of the valley

すずらん
p.28

tulip

チューリップ
p.30

apple blossom

アップルブロッサム
p.34/36

rose

ばら
p.38/40

Chapter 3

いろんな花をモチーフにしたチョコフラワー

daisy
デイジー
p.46

anemone
アネモネ
p.48

forget me not
忘れな草
p.50

scabious
スカビオサ
p.52

flowering cherry
桜
p.54

cosmos
コスモス
p.56

lisianthus
リシアンサス
p.58

hydrangea
あじさい
p.60

daffodil
水仙
p.62

hyacinth
ヒヤシンス
p.64

gerbera
ガーベラパスタ
p.66

white clover
白つめ草
p.68

チョコフラワーとは、名前のとおり、チョコレートで作った花のお菓子です。

土台もお花もみんなチョコレート。
バレンタインはもちろん、プレゼントにも喜ばれるとてもかわいらしいお菓子です。

チョコレートで絞る花は繊細で、コツをつかむまでは練習が必要です。
とけることも固まることもあるチョコレートだから
状態を見ながら作業することがとても大切。
チョコレートの扱い方、絞り方をしっかりマスターしましょう。

はじめてチョコフラワーを作るなら、まずは平面的な花を作ってみてください。
この本ではチョコレートの土台にリースを描くことからスタート。
点や線、葉っぱなどが上手に絞れるようになります。

次に花の基本となるアップルブロッサムとばらの作り方をご紹介します。
ここで花作りのコツをしっかりマスターしましょう。
この2つが作れるようになれば、いろいろな花にチャレンジできるので、
チョコフラワーの楽しみがぐんと広がります。

花びら1枚1枚に心を込めて仕上げるチョコフラワーは、もらった人にもその想いが届くはず。
ワンランク上のチョコレートプレゼントで、心ときめく時間を存分に楽しみましょう。

土台のチョコレート生地の作り方

花をのせる土台のチョコレート。この上に直接花を絞ったり、ネイルに絞った花をのせます。

材料
10.5×21.5×高さ1.8cmで
15個連結のシリコン型1台分
1個は2.6×2.6×高さ1.8cm

コーティングチョコレート
…… 195g

ここではホワイトチョコレートを使用。ほかの色のチョコレートも同様にして土台を作る。

1
型の容量分のチョコレートを耐熱ボウルに入れて計る。

2
600Wの電子レンジで30秒ずつ数回加熱する。チョコレートのかたまりが少し残っている程度で取り出し、ゴムべらで混ぜながら余熱でとかす。

3
コップに絞り出し袋をセットし、チョコレートを流し入れる。

4
空気を抜いて口を結ぶ。

5
先端をはさみで切って、型に流し入れる。このとき、好みでナッツなどを入れると、香ばしさと食感が加わって、さらにおいしさアップ。

6
型を軽く台に打ちつけて、表面を平らにする。こうしておくと、でき上がりがきれいになる。

花のチョコレート生地の作り方

ベースになる白いチョコレートに、色をつけて花を作ります。少しずつ分けて作っておくと、使う分だけ着色できるので便利です。

材料
作りやすい分量
ホワイトチョコレート
　（クーベルチュール）
　……150g
生クリーム（乳脂肪分36%）
　……50g
水あめ……3g

ここで使ったチョコレートは、ヴァローナ社の「イボワール」。カカオ分35%のホワイトチョコレート。甘さを抑えて、ミルクと砂糖をバランスよくブレンドしてある。なめらかな舌ざわりとバニラの繊細な香りが特徴。

1
鍋に生クリームと水あめを入れて中火にかけ、ゴムべらで混ぜながらとかす。

2
鍋の縁がふつふつとしてきたら、火を止めてチョコレートを加える。

3
ゴムべらで混ぜながら、余熱でチョコレートを完全にとかす。

4
紙コップの1/3量くらいまで流し入れ、冷蔵庫で2時間ほど冷やして生地を落ち着かせる。

5
冷蔵庫から出し、ハンドミキサーに羽根を1つつけて、なめらかになるまで「低速」で攪拌する。チョコレートが固まって攪拌できないときは、手で紙コップを持って体温でやわらかくする。

POINT

○作りやすい分量とは、紙コップ3個分に分けられる分量のこと。3個あれば3色の色づけができるので、花や葉、花芯などに使い分けられる。

○冷蔵庫に2時間以上入れて、固くなりすぎた場合は、600Wの電子レンジで5〜10秒ほど温めてから、ハンドミキサーにかける。

○でき上がったチョコレート生地の賞味期限は約3日。保存容器に入れて冷蔵庫で保存する。

花のチョコレートの着色のやり方

この本で使うのはジェル状の油性と水性色素、粉末色素の3つです。油性や水性はつまようじにつけて、粉末はスプーンなどで加えて、生地に色をつけます。思いどおりの色になるまで、少量ずつ足して、様子を見ながら、徐々に濃くしていくことが大切です。

油性と水性色素の場合

1 つまようじの先端にジェル状の色素をつけて、チョコレート生地にのせ、ゴムべらでよく混ぜる。

2 さらに濃くしたいときは、1を繰り返す。

油性や水性の色素（ウィルトン社製）

粉末色素の場合

1 スプーンで少量すくってチョコレート生地に入れ、ゴムべらでよく混ぜる。

2 さらに濃くしたいときは、1を繰り返す。

粉末色素。左から、かぼちゃパウダー、ココアパウダー、抹茶パウダー。たくさん入れると生地がかたくなるので注意。色合いやかたさを見ながら少量ずつ足す。

グラデーションやまだら模様の作り方

グラデーション

絞り出し袋に濃淡のチョコレートを左右に重ねて入れて絞る。

まだら模様

濃淡の濃いほうの色を絞り出し袋に入れ、薄いほうの色を濃い色の真ん中に入れるようにして絞る。

カラーチャート

本書で出てくるチョコレートクリームの色見本です。同じ色でも色素の量で濃淡がつけられます。通常チョコレートなど油分の多いものは油性の色素を使いますが、この本ではカラーバリエーションを多くするため、水性の色素を使用しています。ただし、バーガンディは発色のよさを優先して油性の色素を使いました。

アイボリー
生地のみ

ホワイト
生地＋ホワイト

グレージュ（薄）
生地＋ブラウン＋
ブラック＋ホワイト

グレージュ（濃）
生地＋ブラウン＋
ブラック＋ホワイト

ベージュ
生地＋ブラウン＋ホワイト

グレイ
生地＋ブラック＋ホワイト

ブラウン
生地＋ブラウン
または生地＋
ココアパウダー

コーラルピンク
生地＋オレンジ＋ピンク

オレンジ
生地＋オレンジ＋ホワイト

イエロー
生地＋レモンイエロー＋
ブラウンまたは生地＋
かぼちゃパウダー

グリーン
生地＋抹茶パウダー

モスグリーン
生地＋リーフグリーン＋
ブラックまたは生地＋
抹茶パウダー＋ブラック

ベビーピンク
生地＋ピンク＋ホワイト

ピンク
生地＋ピンク＋ブラック

ダスティピンク（薄）
生地＋ピンク＋ブラック＋
ホワイト

ダスティピンク（濃）
生地＋ピンク＋ブラック＋
ホワイト

バーガンディ（薄）
生地＋ブラック＋ピンク＋
ブルー＋イエロー

バーガンディ（濃）
生地＋ブラック＋ピンク＋
ブルー＋イエロー

スモーキーパープル
生地＋ピンク＋ブラウン＋
ブラック＋ホワイト

バイオレット
生地＋バイオレット

ブルーグレイ
生地＋ブラック＋
スカイブルー＋ホワイト

ライトブルー（薄）
生地＋スカイブルー＋
ブラック＋ホワイト

ライトブルー（濃）
生地＋スカイブルー＋
ブラック＋ホワイト

ターコイズブルー（薄）
生地＋スカイブルー＋
レモンイエロー＋ホワイト

ターコイズブルー（濃）
生地＋スカイブルー＋
レモンイエロー＋ホワイト

ブルー
生地＋スカイブルー＋
ブラック

この本で使う口金

ばら口金、リーフ口金、星口金、丸口金などをよく使います。口金にはそれぞれ番号がついていて、同じ形でも大きさによって異なります。それぞれの花の作り方のところに、使う口金の番号を明記してあるので、それと同じもので作ってください。

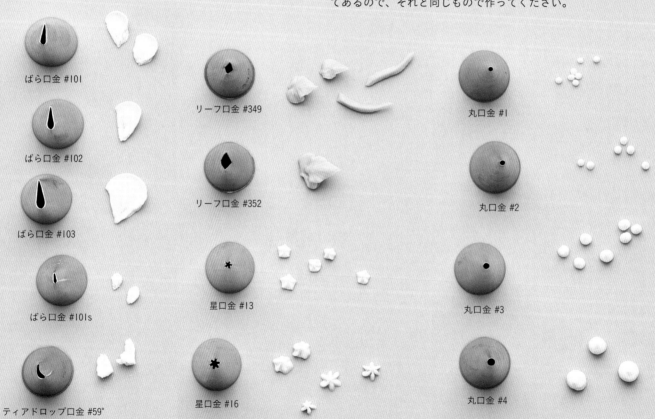

ばら口金 #101

ばら口金 #102

ばら口金 #103

ばら口金 #101s

ティアドロップ口金 #59°

リーフ口金 #349

リーフ口金 #352

星口金 #13

星口金 #16

丸口金 #1

丸口金 #2

丸口金 #3

丸口金 #4

絞り出し袋のセットのやり方と姿勢

絞り出し袋はパンパンに詰まっているほうが絞り出しやすくなります。扱い方をしっかりマスターしましょう。

1 カップラーを入れて、先端部分が袋と重なるようにはさみで切る。

2 口金をかぶせる。

3 リングをかぶせ、回して留める。

4 チョコレートを絞り出し袋の1/3くらい入れて空気を抜く。

5 絞り出し袋を素手で持つと、体温でチョコレートが緩んでしまい、きれいに絞れない。手袋（または軍手）をして、チョコレートがとけるのを防ぐ。

6 上部をねじり、ねじった部分の袋を親指に回して、手の中でしっかり固定する。

花びらを絞るときの姿勢
口金の細い部分と握った指の第2関節が一直線になるように絞り出し袋を持ち、脇をしめて絞る。特に花びらを絞るときは意識するといい。

チョコレートを絞るときに注意すること

チョコレートはとけやすく、固まりやすいので温度調節が大事です。作業する部屋の温度は夏場は25℃くらい、冬場は22℃くらいがベスト。扱うときも緩めたり固めたり、調整しながら絞ります。

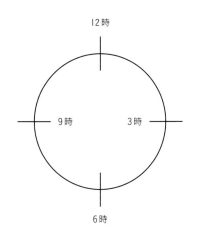

口金を温める

口金部分のチョコレートが固まると、きれいに絞れないので、絞る前に2秒ほどヒートガンで口金を温めます。その後、別のところに少し絞ってみて固さを確認してから、絞り始めると安心です。

ネイルをセットする

チョコレートの土台に絞るときも、花を絞って土台にのせるときも、ネイルにセットします。絞り出し袋のチョコレート少量をネイルの中心に絞り、チョコレートの土台や4cm角に切ったオーブンシートを固定します。また、ばらやリシアンサスのように立ち上がっている花はネイルに直接絞ります。

ネイルの回し方

花びらを絞るときは、ネイルを左手に持ち、親指と人さし指で反時計回りにゆっくりと回しながら、右手で絞り出し袋を絞っていきます。時計と同じように「12時の位置に口金を置き」と表現することが多いので、位置の呼び名を覚えておきましょう。

道具

初めてチョコフラワーを作る場合は、フラワーネイルやネイルスタンド、ヒートガン、フラワーリフターなど、いくつか専用の道具が必要です。あると作業がスムーズにできるのでそろえておきましょう。

スケール

耐熱ボウル (電子レンジ対応)

型 (ポリカーボネート製とシリコン製)
チョコレートの土台を作るときに使う。

小鍋

ヒートガン (またはドライヤー)
絞り出し袋に入れたチョコレートが固まって出にくくなったとき、吹き出し口に口金を2秒ほど当てて温め、出しやすくする。

手袋
素手で作業すると、体温でチョコレートがとけやすいため、体温が伝わりにくくするために着用。

絞り出し袋、カップラー (口金キャッパー)、**口金**
絞り出し袋は使い捨てが便利。口金はいろいろな種類をそろえておきたい。

フラワーネイルとネイルスタンド
花を絞るときに、ネイルを手に持ったり、スタンドに立てたりして使う。

フラワーリフター
立体的な花を移動させるときに使う。

スケッパー
絞り出し袋に入れた生地を袋の上から口金のほうに寄せるときに使う。

ハンドミキサー
花の生地を作るとき、「低速」で混ぜてやわらかくする。

ゴムべら

はさみ

紙コップ
花用の生地を小分けにするのに便利。

つまようじやスプーン
つまようじはジェル状の色素、スプーンは粉末状の色素に使う。つまようじは衛生面から使うたびに新しいものに。

オーブンシート
フラワーネイルに4cm角に切ったものをのせて、平たい花を絞る。

ウエットティッシュ
道具についた生地をふくときに使う。

私がチョコフラワーを作り始めたきっかけは、4年前に、結婚して韓国に住むようになったとき、インターネットで見たアンフラワーとの出会いでした。とても繊細で美しい花に魅了され、心奪われました。さっそく「自分で作ってみたい！」と、教室に通い夢中で制作に励みました。

習いたての頃は、思いどおりに絞ることができなくて、何度もくじけそうになりましたが、練習を重ねていくうちに少しずつ上達し、やがてSNSで作品を紹介。すると日本からアンフラワーを習うためだけに、韓国まで来てくださるかたもいて、生徒さんからたくさんの勇気とパワーをいただきました。

こうしてレッスンを重ねていくうち、それまで培ってきたお花絞りの技術を生かして、チョコフラワーの試作を開始。はじめはチョコレートがかたすぎたり、やわらかすぎたり、分離したりと、数えきれないくらいの失敗をしましたが、1年間の試行錯誤を経て、やっとかわいくて、おいしいチョコフラワーができ上がりました。

チョコフラワーは、プレゼントやホームパーティのおもてなしなどにたいへん喜ばれます。それは「かわいい！」と「おいしい！」が共存しているから。ぜひ、この本をきっかけに、チョコフラワー作りにチャレンジしてください。一筋縄ではいかないけれど、きれいなお花ができたときの喜びや達成感は最高です。魅力あるチョコフラワーの世界を、一人でも多くのかたに感じていただけることを心から願っています。

黒尾真弓

Chapter 1

はじめてのチョコフラワー

平面的な花のリースをレッスンしましょう。
土台のチョコレートの上に、直接、花のチョコレート生地を絞ります。
基本的に、点や線、丸などの形で構成されたシンプルな花絞りです。

nut

木の実→p.18

mimosa

ミモザ→p.20

fragrant olive

きんもくせい→p.22

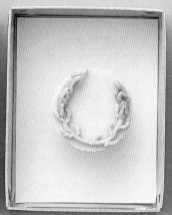

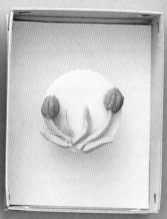

cotton

綿花→p.24

Lavender

ラベンダー→p.26

Lily of the valley

すずらん→p.28

Tulip

チューリップ→p.30

nut

使った色と口金

グリーン ✕ リーフ口金 #349

ブラウン ✕ 丸口金 #2

準備

ネイルにチョコレートの土台をセットする。

木の実

葉っぱの間から木の実がプ
チっと。1枚や3枚の葉っ
ぱでリズムをつけます。

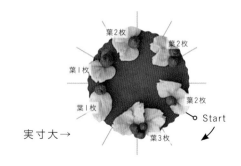

葉2枚
葉2枚
葉1枚
葉2枚
葉1枚
葉3枚
Start

実寸大→

18

1 葉を絞る

リーフ口金（グリーン）を小さく左右に振りながら絞り出し、まっすぐ上に引く。

2 向かい合わせに、もう1枚絞って2枚葉が完成。

3 2枚葉との間隔を少しあけ、3枚の葉を1セットにして絞る。

4 さらに少し離して1枚葉を絞る。少し離してさらに1枚絞る。

5 続けて、少し離して向かい合わせの2枚葉、さらに少し離してもう2枚絞る。

6 実を絞る

丸口金（ブラウン）を葉と葉の根元から少し浮かすようにして、真下に丸く絞る。

7 3枚葉には3つ絞り、そのほかの葉には1〜2つ絞る。

8 全体にバランスよく絞れたら完成。

mimosa

グリーン ✕ 丸口金#2

イエロー ✕ 丸口金#1

準備

ネイルにチョコレートの土台をセットする。

ミモザ

ミモザのギザギザの葉っぱ
を表現するため、長めの点
を描くように上下交互に絞
っていくのがコツです。

実寸大 →

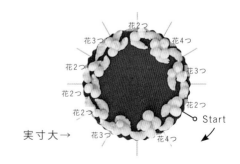

花2つ
花3つ
花4つ
花2つ
花3つ
花2つ
花2つ
花2つ
花3つ
花2つ
花3つ
花4つ
Start

葉を絞る

1 土台の内側に丸口金（グリーン）で長めの点を描くように、上下交互に葉を絞る。

2 きちんと交互にするのではなく、自然な感じで少しずらしながら絞っていく。

3 ミモザのギザギザの細かい葉に見えるように1周絞る。

花を絞る

4 丸口金（イエロー）で黄色の丸い花を、葉の間に2つ絞る。

5 少し間をあけて、4つ絞る。

6 さらに少し間をあけて3つ絞る。

7 葉と葉のすき間を埋めるように、同様にして全体に花を絞る。花の数は好みで調整する。

Fragrant olive

使った色と口金

グリーン ✕ リーフ口金 #349

オレンジ ✕ 星口金 #13

ブラウン ✕ 丸口金 #2

準備

ネイルにチョコレートの土台をセットする。

きんもくせい

葉っぱを間隔をあけて絞って、その間に花をあしらいます。花は星口金で1〜3つをバランスよく。

実寸大 →

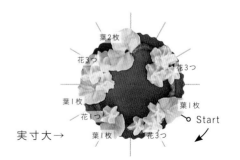

葉2枚

花3つ

花3つ

葉1枚

葉1枚

花1つ

葉1枚

花3つ

Start

22

リースを絞る

1 土台の少し内側に丸口金（ブラウン）で1周、リースの線を描く。

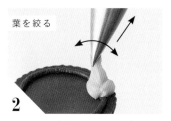

葉を絞る

2 リーフ口金（グリーン）の切り込みを横にし、小さく左右に振ってクリームをためながら、上に向かって絞る。

3 間隔をあけて1〜2枚を4か所に絞る。

花を絞る

4 星口金（オレンジ）で葉の手前に花を3つ絞る。

5 次の葉の手前に花を1つ絞る。

6 次の葉の手前に花を3つ絞る。

7 次の葉と葉の間に花を3つ絞る。

cotton

ブラウン × 丸口金 #2

ホワイト × 丸口金 #2

準備

ネイルにチョコレートの土台をセットする。

綿花

綿花は花ではなく、種子が
はじけたもの。コットンフ
ラワーともいいます。白い
綿の間にガクを絞って"ら
しさ"を演出しましょう。

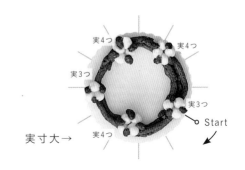

実4つ 実4つ

実3つ 実3つ

実寸大→ 実4つ Start

24

リースを絞る

1

土台の少し内側に丸口金（ブラウン）で1周、リースの線を描く。

2

同じ線の上にもう1本線をのせる。

実（花）を絞る

3

綿の実（花）がはじけたところをイメージして、丸口金（ホワイト）で実を3つ絞る。

4

完成時の5つの花が等間隔になるように、間をあけて4つ絞る。

5

さらに間をあけて3つ絞り、同様に間をあけて4つ絞る。

6

5か所にバランスよく3つと4つの実をつける。

ガクの模様をつける

7

実の間にガクがところどころに見えるように、丸口金（ブラウン）で茶色の丸い模様を実（花）の間に絞る。

8

すべての実に模様をつけたらでき上がり。

Lavender

グリーン ✕ 丸口金 #2

バイオレット ✕ 丸口金 #2

準備

ネイルにチョコレートの土台をセットする。

ラベンダー

穂状に伸びたラベンダーを
イメージして描きます。短
い線を交互に絞り、さらに
その上に重ねて絞ると立体
感が出ます。

花12個

花8個

実寸大→

1
土台の少し内側に丸口金（グリーン）で半周、茎の線を描く。

2
茎の端に葉を2枚、V字になるように左右から1枚ずつ絞る。

3
2の下側にも同様にして2枚絞る。

4
反対側の茎の端にも葉を3枚絞る。

5
4の下に、さらに2枚絞る。

6
葉の上のあいた部分に、丸口金（バイオレット）で花を交互に絞る。

7
6の花の上にさらに重ねて絞り、穂に見えるように絞る。

8
反対側の葉の上のあいた部分にも、**6**〜**7**と同様にして絞る。

茎を絞る

葉を絞る

花を絞る

lily of the valley

 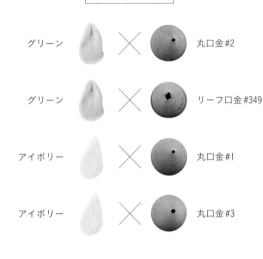
準備

ネイルにチョコレートの土台をセットする。

すずらん

白く愛らしい花。大きさの違う2つの丸口金で仕上げます。最初に絞った花に重ねて絞るとふくらみが出てきます。

実寸大 →

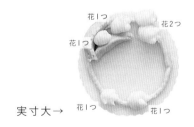

花1つ　花2つ
花1つ
花1つ　花1つ

リースを絞る

1 土台の少し内側に丸口金（グリーン）で１周、リースの線を描く。

2 リーフ口金（グリーン）の切り込みを上にして、リースの上に細長い葉を絞る。

3 **2**で絞った葉と平行に、土台に同様にして葉を絞る。

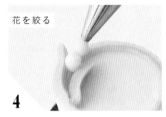

花を絞る

4 葉の間に#3の丸口金（アイボリー）で丸く花を１つ絞り、並べてもう１つ絞る。口金を少し浮かせて真下に絞るとよい。

5 少し間をあけて花を２つ絞る。

6 **5**の対角線に花を１つ絞り、少し間をあけてもう１つ絞る。

7 **4**で絞った花の上に、#1の丸口金（アイボリー）で花を重ね、花びらの先端部分を絞る。

8 残りの花も同様に重ねて絞る。

Tulip

チューリップ

花は3本の線を絞って、さらにその上に2本重ねて絞るのがポイント。ぷっくりとしたチューリップの花姿になります。

実寸大 →

葉を絞る

1 リーフ口金（グリーン）の切り込みを上にして、土台の内側に長めの葉を絞る。

2 1の葉の内側にもう1本、短めの葉を絞る。

3 1の葉の外側にもう1本、短めの葉を絞る。

4 1と反対側の方向に長い葉を絞る。

5 2〜3と同様にして短めの葉を絞る。

花を絞る

6 3の葉の上に丸口金（コーラルピンク）でチューリップの花の形を3本の線で描く。

7 3本の線の間に2本の線をのせて、立体感のある花にする。

8 もう1本の花も6〜7と同様にして絞る。

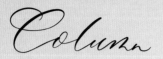

ユニークな形が人気！
サボテンのチョコフラワー

華やかな花に比べて、ちょっと地味なサボテンですが、
男性にとっても人気があるチョコフラワーです。バレンタインにぜひ！
ポイントは多肉植物っぽく、ぷっくりとした形に仕上げること。
濃淡をつけたり、トゲをつけて、動きのある表情に仕上げましょう。

柱を絞る

1

丸口金#4（モスグリーン）で柱を
絞る。

葉を絞る

2

ばら口金#101（モスグリーン）で
柱の上から土台に向かって葉を
1枚絞る。

3

十字に4枚絞って、間に1枚ず
つ絞る。

トゲを絞る

4

丸口金#1（ホワイト）を葉の尖っ
た部分に当て、少し絞ってひっ
ぱる。

写真左のサボテンは、
リーフ口金#352（モス
グリーン+バイオレット）
で小さな柱を絞ってか
ら、葉っぱを6枚絞り、
その上に交互に5枚重
ね、さらにその上に3
枚絞る。

Chapter 2

基本のチョコフラワー

チョコフラワーで主役になる花作りの基本です。
平面的な花びらのアップルブロッサムと、立体的な花びらのばら。
この2つができるようになれば、いろいろな花に挑戦できます。

apple blossom

アップルブロッサム〈基本〉

基本のアップルブロッサムです。絞るのは丸みのある
花びら5枚と中心の花芯だけ。ばら口金を使って、ネ
イルを回しながら絞り出す手法を覚えましょう。

アップルブロッサム〈応用〉

アップルブロッサムの応用バージョンです。大
きさの違うばら口金や色のグラデーションで変
化をつけたり、花を重ねたり、さまざまな表情
の花ができます。

apple blossom

使った色と口金

ホワイト × ばら口金#102

イエロー × 丸口金#2

[p.35で使ったそのほかの色と口金]
ホワイト＋グリーン×ばら口金#101、#102
ホワイト×ばら口金#101、#101s
グリーン×丸口金#2

準備

ネイルにオーブンシートをセットする。

実寸大→

花びらを絞る

1

ばら口金（ホワイト）を12時の位置に置き、ネイルを反時計回りにゆっくり回しながら、丸い形に絞る。

2

1枚目の花びらの横に**1**と同様にして、2枚目の花びらを絞る。

3

同様に3枚目の花びらを絞る。

4

同様に4枚目の花びらを絞る。

5

5枚目の花びらを絞ったら花びら部分は完成。

花芯を絞る

6

丸口金（イエロー）で花びらの中心に、花芯を丸く3つ絞る。冷蔵庫で1時間ほど冷やす。

チョコレートの土台にのせる

7

土台の花を飾りたい場所に、絞り出し袋のチョコレートを少量絞る。

8

花を冷蔵庫から出して、シートからはがし、土台にのせて固定させる。

ばら〈基本〉

ばらの土台になる柱を絞ってから、その周りに花びら
を絞っていきます。内側のほうはまっすぐに絞り、外
側に絞る花びらは外側に開くように絞るのがコツ。こ
うするとボリューム感が出てきます。

38

ばら〈応用〉

ばら口金の大きさを変えたり、色のグラデーションを
いろいろ変えて作ってみましょう。これがチョコレー
トとは思えないほど、優美なばらが楽しめます。

rose

使った色と口金

ピンク × ばら口金#103

[p.39で使ったそのほかの色と口金]
ベビーピンク＋アイボリー×ばら口金#103

実寸大→

花の土台を絞る

1

ネイルの中心にばら口金（ピンク）を置き、同じ位置で絞って柱のようにする。高さは口金の口幅くらいに。口金を当てて確認する。

中心を絞る

2

1の土台の上にばら口金を置き、その位置で絞りながら、ネイルを反時計回りに1周半回し、下側に絞り切る。

4時

3

口金を4時の位置に当て、ほんの少し上に持ち上げて絞りながら、ネイルを反時計回りに半周し、下側に絞り切る。

4

3と同様にしてもう2枚絞り、花の中心となる部分を作る。

花びらを絞る

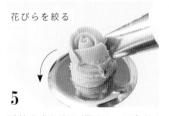

5

手首を少し右に傾けて、口金を4時の位置に当て、ほんの少し上に持ち上げて絞りながら、ネイルを反時計回りに1/4周し、下側に絞り切る。このとき花びらが中心より開くように意識する。

6

5を繰り返して5枚花びらを作る。

7

手首を**5**よりさらに右に傾けて、**5**と同様にして絞る。このとき花びらが**6**より開くように意識する。

8

6を繰り返して6～7枚絞る。

市販のお菓子にチョコフラワーをのせて

チョコフラワーは市販のお菓子を、ワンランク上のお菓子に変身させてくれます。
ティータイムにこんなお菓子が並ぶと、「かわいい！」の歓声が上がるはず。
おしゃべりにも花が咲くことでしょう。

マカロンに
桜 (p.54)

アイスクリームに
アップルブロッサム (p.36)

チョコブラウニーに
忘れな草 (p.50)

42

Chapter 3

いろんな花をモチーフにした
チョコフラワー

点や線、丸、そして平面的な花、立体的な花をマスターしたら、
チョコフラワーの楽しみが一気に広がります。
ここでは身近にある花々を表情豊かに絞り出します。

flowering cherry

桜→p.54

forget me not

忘れな草→p.50

cosmos

コスモス→p.56

lisianthus

リシアンサス→p.58

hyacinth

ヒヤシンス→p.64

white clover

白つめ草→p.68

hydrangea

あじさい→p.60

daisy

デイジー→p.46

anemone

アネモネ→p.48

gerbera

ガーベラバスタ→p.66

daffodil

水仙→p.62

scabious

スカビオサ→p.52

デイジー

花びらを重ねながら、
風車のように絞って一
つの花に。口金を1時
の位置に置いて、ネイ
ルを回しながら絞りま
す。絞り切るときは
「ノ」の字を意識して。

daisy

ホワイト ✕ ばら口金#101

イエロー ✕ 丸口金#2

準備

ネイルにオーブンシートをセットする。

実寸大→

花びらを絞る

1時
12時

1

1枚目はばら口金(ホワイト)の細いほうを1時、太いほうを12時の位置に傾けて置き、ネイルを反時計回りにゆっくり回しながら、「ノ」の字を書くようにして絞りきる。1枚目の下側に2枚目を絞る。

2

2枚目の下側に3枚目を重ねるようにして絞る。

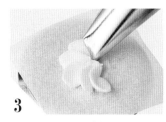

3

5枚目が円のほぼ半分になるように重ねて絞る。

4

8〜10枚目でほぼ1周になるように絞っていく。

5

1周絞って花びらが完成。

花芯を絞る

6

花びらの中心に、丸口金(イエロー)で小さな円を描くように丸い玉を絞る。

7

6〜7つ絞ってほぼ1周したら、内側に3〜4つ絞って完成。冷蔵庫で1時間ほど冷やし、固まったらチョコレートの土台にのせる(p.37参照)。

アネモネ

花びらを絞るときは、口金の先を少し持ち上げるようにして膨らみを持たせます。花びらは3段重ねて絞るので、見ごたえのある1輪になります。

anemone

使った色と口金

コーラルピンク × ばら口金#103

イエロー × 丸口金#2

[そのほかの色と口金]
ターコイズブルー（薄＆濃）×ばら口金#103

準備

ネイルにオーブンシートをセットする。

実寸大 →

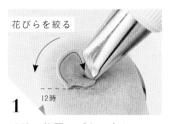

花びらを絞る

1 12時の位置にばら口金（コーラルピンク）を置き、ネイルを反時計回りに回しながら、口金の先を少し持ち上げて中心の位置で絞り切る。

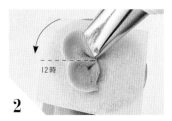

2 絞り切ったところを12時の位置に合わせて口金を置き、ネイルを反時計回りに回しながら**1**と同様にして絞る。

3 **2**と同様にしてさらに3枚絞る。

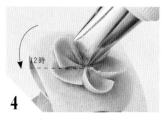

4 1枚の花びらの真ん中あたりを12時の位置に合わせて口金を置き、ネイルを反時計回りに回しながら、花びらの上に重ねて**1**と同様にして絞る。

5 **4**と同様にしてさらに2枚の花びらを、バランスよく重ねて絞る。

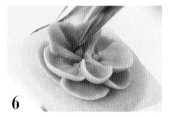

6 さらに**5**の花びらの上に、**4**と同様にして3枚、バランスよく絞る。

花芯を絞る

7 花びらの中心に丸口金（イエロー）で小さな円を描くように丸い玉を絞る。真ん中の部分も花芯を絞って埋める。

模様をつける

8 花芯の外側に点をつけるようにして、花びらの上にトントンと1周させて模様をつける。

忘れな草

花びらは口金を小さく上下に動かして、立たせるように絞るのがポイント。パステルカラーのきれいな色も、可憐な花に仕上げる要素の一つです。

forget me not

使った色と口金				

ライトブルー（薄）		×		ばら口金#102
イエロー		×		星口金#16
ホワイト		×		丸口金#1

[そのほかの色と口金]
ライトブルー（濃）×ばら口金#102

準備

ネイルにオーブンシートをセットする。

実寸大→

12時

1

ばら口金 (ライトブルー) を12時の位置に置き、ネイルを反時計回りに回しながら、口金を小さく上下に動かして花びらを少し立たせるようにして、先をとがらせ、下側に絞り切る。

2

1枚目の隣に、**1**と同様にして2枚目の花びらを絞る。

3

3枚目も同様にして絞る。

4

同様にして、5枚目で1つの花になるようにバランスよく絞る。

5

星口金 (イエロー) で花の真ん中に1つ絞って、上に絞り切る。

6

星の切れ込みの間に、丸口金 (ホワイト) で花芯を絞って上に引き上げる。

7

同様にして白い花芯を絞っていく。

8

すべての切り込みに絞って完成。

scabious

スカビオサ

華やかな印象のスカビオサを演出するのは花の色。花びらは口金をほんの少し上下に動かしながら、少しカーブするように絞ります。

ブルー × ばら口金#102

イエロー × 丸口金#2

[そのほかの色と口金]
ベビーピンク×ばら口金#102
ライトブルー（濃）×ばら口金#102

準備

ネイルにオーブンシートをセットする。

実寸大→

花びらを絞る

1 12時の位置にばら口金（ブルー）を置き、ネイルを反時計回りに回しながら、口金をほんの少し上下に動かして、外側を少しカーブさせて中心に向かって絞り切る。

2 **1**と同様にして、花びらをさらに4枚絞る。

3 1枚の花びらの真ん中あたりに口金を置き、**1**と同様にして絞る。

4 花びらが交互に重なるように、**3**と同様にしてさらに4枚絞る。

5 さらに**4**の花びらに重ねて、**3**と同様にして絞る。

6 **5**と同様にして、合わせて3枚の花びらをバランスよく絞る。

花芯を絞る

7 花びらの中心に丸口金（イエロー）で小さな円を描くように丸い玉を絞る。

8 真ん中の部分も花芯を絞って埋める（8〜12個）。

桜

小さくて華やかな桜の花は、少し立たせるようにしてハート形の花びらを絞ります。花芯は星口金と丸口金で。

flowering cherry

ダスティピンク（薄） ✕ ばら口金#101

イエロー ✕ 星口金#13

ホワイト ✕ 丸口金#1

[そのほかの色と口金]
グレージュ（薄）×ばら口金#101

準備

ネイルにオーブンシートをセットする。

実寸大→

花びらを絞る

12時

1

ばら口金（ダスティピンク）を12時の位置に置き、ネイルを反時計回りに回しながら、口金を小さく上下に動かして花びらを少し立たせるようにして、ハート形を作り、下側に絞り切る。

2

1枚目の横に、**1**と同様にして2枚目の花びらを絞る。

3

3枚目も同様にして絞る。

4

同様にして、5枚目で1つの花になるようにバランスよく絞る。

5

1枚の花びらの上に重ねて、**1**と同様にして1枚絞る。

6

もう1枚、**5**の花びらの隣に、**1**と同様にして絞る。

花芯を絞る

7

星口金（イエロー）で花の真ん中に花芯を1つ絞って、上に絞り切る。

8

星の切れ込みの間に、丸口金（ホワイト）で小さな円を描くように丸い玉を5つ絞る。

コスモス

花びらの先が平らになるように絞るのがコツ。花芯は丸口金だけで仕上げます。

COSMOS

ブルーグレイ × ばら口金#101

イエロー × 丸口金#2

[そのほかの色と口金]
グレージュ（薄＆濃）×ばら口金#101
スモーキーパープル×ばら口金#101

準備

ネイルにオーブンシートをセットする。

実寸大→

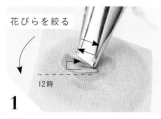

花びらを絞る

12時

1

ばら口金（ブルーグレイ）を12時の位置に置き、口金を上に動かし、ネイルを反時計回りにゆっくり回す。口金を下に動かして、中心に向かって切るように絞る。このとき、花びらが平らになるように意識する。

2

1枚目の花びらの横に、**1**と同様にして、花びらが重なるように2枚目の花びらを絞る。

3

3枚目も**2**と同様にして絞り、4枚目で円のほぼ半分になるように絞る。

4

5枚目からも**2**と同様にして絞り、8枚の花びらを絞る。

花芯を絞る

5

花びらの中心に丸口金（イエロー）で小さな円を描くように丸い玉を絞る。

6

だいたい8つで、ほぼ1周する。

7

小さな円の内側に、4つ絞ったら完成。

Lisianthus

リシアンサス

ばらのように立ち上がった花びらが
特徴。土台の柱を絞ってから、その
周りに花びらを絞っていきます。

ダスティピンク（濃）　　×　ばら口金#103

イエロー　　×　丸口金#2

[そのほかの色と口金]
ベージュ×ばら口金#103
ブルーグレイ×ばら口金#103

実寸大→

1

ネイルの中心にばら口金（ダスティピンク）を置き、同じ位置で絞って柱のようにする。

2

高さは口金の口幅くらい。口金を当てて確認する。

3

土台の4時の位置に口金を当て、ネイルを反時計回りにゆっくり回しながら、右手は左右に少し動かしながら波状の花びらを絞り、土台の下側で絞り切る。

4

1枚目の花びらの半分くらいのところ（土台の4時の位置）から、**3**と同じようにして2枚目の花びらを絞る。1枚目と重なり、花びらが少し外側に広がっているように絞るときれいに見える。3枚で1周する。

5

4枚目からも同様にして、花びらを重ねながら絞り、さらに5枚くらい絞る。

6

花の中心の土台の上に、丸口金（イエロー）で花芯を丸く絞る。土台を1周する。

7

真ん中の部分も花芯を絞って埋めて完成。

8

花が固まる前に、リフターで花をすくってチョコレートの土台にのせる。

hydrangea

あじさい

あじさいは小さな花が集まってまあるい形の花に。土台の柱に4枚の花びらで小さな花を絞っていきます。先端は口金を上に引き上げてとがらせて。

使った色と口金

グリーン アイボリー	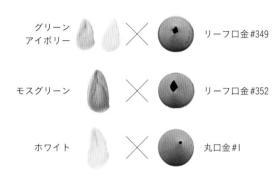	×		リーフ口金 #349
モスグリーン		×		リーフ口金 #352
ホワイト		×		丸口金 #1

準備

ネイルにチョコレートの土台をセットする。
花の絞り出し袋にグリーンとアイボリーを入れて混ぜる。

実寸大→

花の土台を絞る

1 絞り出し袋（グリーン＋アイボリー）に口金をつけないで、そのままチョコレートの土台の中心に1cmくらいの高さの花の土台を絞る。

花びらを絞る

2 1の絞り出し袋にリーフ口金をつける。口金の切り込みが花びらの両サイドになるようにして、クリームをためながら土台に絞り、上に引き上げて絞り切る。

3 同様にして隣に1枚、手前に1枚絞る。

4 あいたところにもう1枚絞って、4枚で1つの花にする。

5 絞った花の下側で、土台部分に2〜4と同様にして4枚の花びらを絞る。

6 土台を埋めるように、5の花の横に4枚セットで花を4つ絞り、土台が見えるところにも花びらを絞って埋める。

花芯を絞る

7 花の中心に丸口金（ホワイト）で丸い玉を1つ絞る。

葉を絞る

8 リーフ口金（モスグリーン）を花の下に置き、小さく左右に動かしながら葉っぱを絞る。2枚隣り合わせに絞って完成。

daffodil

水仙

外側の花びらは少し立たせながら先端を
とがらせ、内側の副花冠はしっかり立た
せて絞るのがポイント。花芯は口金を冠
の中に入れて絞ります。

使った色と口金		

アイボリー	×	ばら口金#103
イエロー	×	ばら口金#101
アイボリー	×	丸口金#2

[そのほかの色と口金]
イエロー×ばら口金#103

使った色と口金

準備

ネイルにオーブンシートをセットする。

実寸大→

花びらを絞る

12時

1

#103のばら口金（アイボリー）を12時の位置に置き、ネイルを反時計回りに回しながら、口金を上下に動かして花びらの先端をとがらせて立たせ、下側に絞り切る。

2

同様にして、絞った花びらの隣に重ねるように花びらを立たせながら絞っていく。

3

バランスよく5枚絞って、一つの花にする。

副花冠を絞る

4

#101のばら口金（イエロー）を立たせて置き、ネイルを反時計回りに回しながら絞る。

5

下側より上側のほうが少し内向きになるように意識しながら、1周絞る。

6

最後の部分は、絞り始めと少し重なるようにして絞り切る。

花芯を絞る

7

丸口金（アイボリー）を副花冠の中に入れて、丸い玉を絞る。

8

3つ絞って完成。

hyacinth

ヒヤシンス

あじさいと同じように、小さな花が集まって1つの花になるヒヤシンス。土台の柱を絞って小さな花を絞り、埋めていきます。

バーガンディ（濃） ✕ ティアドロップ口金 #59°

ホワイト ✕ 丸口金 #1

[そのほかの色と口金]
バーガンディ（薄）×ティアドロップ口金 #59°
グレイ×ティアドロップ口金 #59°

準備

ネイルにチョコレートの土台をセットする。

実寸大 →

花の土台を絞る

1 絞り出し袋（バーガンディ）に口金をつけないで、そのままチョコレートの土台の中心に1cmくらいの高さの花の土台を絞る。

花びらを絞る

2 1の絞り出し袋にティアドロップ口金をつける。口金の細いほうが上になるようにして（基本姿勢の持ち方で）土台に絞り、上に引き上げて絞り切る。

3 4枚絞って1つの花にする。

4 絞った花と隣り合わせになるように、2〜3と同様にして花を絞る。

5 土台を埋めるように、4の花の横に4枚セットで花を5つ絞る。

6 土台が見えるところにも花びらを絞って埋める。

花芯を絞る

7 花の中心に丸口金（ホワイト）で丸い玉を1つずつ絞る。

8 全部の花に花芯を絞ったら完成。

gerbera

ガーベラパスタ

ネイルを回しながら、花びらを二つに折るように形作るのがポイント。10枚ほどの花びらをバランスよく絞りましょう。

使った色と口金

オレンジ × ばら口金#101

イエロー × 丸口金#2

[そのほかの色と口金]
ホワイト×ばら口金#101

準備

ネイルにオーブンシートをセットする。

実寸大→

花びらを絞る

12時

1
1時の位置にばら口金（オレンジ）を置いて、ネイルを反時計回りにほんの少し回しながら、12時の位置に絞り、再び1時の位置に戻して下側に絞り切る。

2
1の花びらから少し間をあけて、**1**と同様に絞る。

3
5枚目まで**1**と同様に絞ると、全体の半分くらいになる。

4
残り5枚も**1**と同様にして絞る。10枚ほどの花びらを絞る。

花芯を絞る

5
花びらの中心に丸口金（イエロー）で小さな円を描くように丸い玉を絞る。

6
花びらと花びらの間を埋める感じで絞っていく。

7
1周絞ったら、真ん中にも同様に絞る。

8
花の中心を花芯で埋める。

white clover

白つめ草

花と葉を別々に絞って合わせます。花は立ち上げて絞るので、土台の柱にティアドロップ口金で1枚ずつ絞って埋めます。

モスグリーン	×		丸口金#4
バイオレット アイボリー	×		ティアドロップ 口金#59°
モスグリーン ホワイト	×		ばら口金#101

準備

葉はネイルにオーブンシートをセットする。
花の絞り出し袋にバイオレットとアイボリーを入れて混ぜる。
葉の絞り出し袋にモスグリーンとホワイトを入れて混ぜる。

↑実寸大→

花の土台を絞る

1

ネイルの中央に丸口金（モスグリーン）で、高さ1cmくらいの土台を絞る。

花びらを絞る

2

ティアドロップ口金（バイオレット＋アイボリー）を土台の上に3時の位置に置き、上に引っぱって1枚絞り切る。ネイルを反時計回りに回しながら隣に次の花びらを絞る。

3

花びらが交互に重なるようにして、1枚ずつ絞っていく。

4

土台の上が花びらでいっぱいになったら、少しずつ下げて土台を隠すように、同様にして花びらを絞る。

5

花びらを交互に重ねながら、土台の下のほうまで花びらを絞ったら、花の完成。

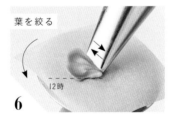

葉を絞る

12時

6

ネイルの12時の位置にばら口金（モスグリーン＋ホワイト）を置き、ネイルを反時計回りに回しながら、口金を小さく上下に動かして葉を少し立たせるようにして、ハート形を作り、下側に絞り切る。

7

絞った葉の隣に、同様にしてもう1枚葉を絞る。

8

4枚絞ったら完成。

こんなアイデアも楽しい

花をのせるチョコレートの土台をいろいろな型で作ってみましょう。
土台のチョコレート生地を、動物や文字、数字などの型に流し込むだけです。
できたら、表情豊かに花をあしらいましょう。
オリジナルのチョコフラワーが次々に生まれて、作る喜びが広がります。

ここで使った型

ここで使った花
英文字／左からアップルブロッサム (p.36)、コスモス
(p.56)、アップルブロッサム (p.36)、スカビオサ (p.52)
うさぎ／左はスカビオサ (p.52)、右はデイジー (p.46)
中央のロリポップ／アップルブロッサム (p.36)

ここで使った型

ここで使った花
スカビオサ (p.52)

ここで使った型

ここで使った花
左からあじさい (p.60)、リシアンサス (p.58)、水仙 (p.62)

ここで使った型

ここで使った花
上から桜 (p.54)、白つめ草 (p.68)、ばら (p.40)

黒尾真弓
Mayumi Kuroo

FCAJフードコーディネーター3級、調理師免許取得。埼玉県生まれで、現在は韓国在住。2011年、イギリスで出会った韓国人の夫と結婚。韓国でアンフラワーケーキ、ソイフラワーキャンドルを学び、2016年からpot_tissier（パッティシエ）という名前（現在はネット上のハンドルネーム）で教室を始め、2018年からフラワーケーキ教室「More Flower Cake Lab.」を主宰。2019年チョコフラワーを独自に開発し、韓国ソウル教室、日本さいたま教室でレッスンを始める。現在200名近い生徒さんが学んでいる。

HP https://moreflowercake.com/
instagram @pot_tissier @moreflowercake

ブックデザイン
　小橋太郎（Yep）

撮影
　川上輝明（bean）

スタイリング・コーディネート
　曲田有子

アートカリグラフィー
　濱島ミカ

校閲
　田中美穂

編集
　小橋美津子（Yep）
　田中　薫（文化出版局）

はじめての
チョコフラワー

2020年1月27日　第1刷発行

著　者　黒尾真弓
発行者　濱田勝宏
発行所　学校法人文化学園 文化出版局
　　　　〒151-8524　東京都渋谷区代々木3-22-1
　　　　電話　03-3299-2485（編集）
　　　　　　　03-3299-2540（営業）
印刷・製本所　株式会社文化カラー印刷

文化出版局のホームページ　http://books.bunka.ac.jp/

［材料協力］

ヴァローナ ジャポン 株式会社

商品のお問い合わせ先：
カスタマーサービス係
tel. 03-5215-2303

受付時間：
月曜日〜金曜日／
10：00〜17：00（土日祝を除く）
http://www.valrhona.co.jp/

TOMIZ（富澤商店）

オンラインショップ：
https://tomiz.com/

商品のお問い合わせ先：
tel. 042-776-6488
受付時間：
月曜日〜金曜日／9：00〜17：00
土曜日　／9：00〜15：00